Lb 48
1857

# CE QUE DÉSIRENT

# LES LIBÉRAUX,

## EN RÉPONSE

### A

## CE QUE VEULENT

# LES ROYALISTES;

PAR J. F. SIMONNOT, ANCIEN AIDE-DE-CAMP, etc.

# A PARIS,

Chez CHAUMEROT, jeune, Libraire, Palais-Royal,
Galerie de Bois.

——

DE L'IMPRIMERIE D'ÉVERAT, RUE DU CADRAN, Nº. 16.
DÉCEMBRE 1820.

(Extrait du Journal des Débats, du 2 Novembre 1820.)

# CE QUE VEULENT LES ROYALISTES.

Ils veulent la Charte, car sans elle, on verrait renaître de nouveaux troubles, et plus que d'autres ils en sont les ennemis; car plus que d'autres ils en ont été les victimes.

Ils veulent la constitution actuelle, car elle a été donnée par le Roi, jurée par les Princes de son sang; elle est désirée par toute la nation, et elle peut faire, si l'on est sage, sa gloire, sa force et son bonheur.

Ils veulent la liberté, car elle assure leurs droits et leurs jouissances; mais ils la veulent raisonnable, calme, et aussi éloignée de la licence que du despotisme.

Ils veulent l'égalité, car elle est l'idole de leurs compatriotes, et je le dirai franchement, la folie du siècle; mais ils la veulent juste, mesurée, et devant la loi, enfin comme elle peut réellement exister.

Ils veulent la Monarchie telle que les événemens nous l'ont donnée, telle que les circonstances l'exigent, et telle que la sagesse royale l'a modifiée; car ils ont toujours été attachés au système monarchique, et ils pensent, d'après tout ce qui s'est passé en France et d'après tout ce qui se passe en Europe, que toute autre monarchie que celle que nous avons, est impossible.

Ils veulent la dynastie des Bourbons, car sans elle la Charte, la constitution, la liberté, le commerce, les arts, les richesses, le repos intérieur et la paix extérieure, tout s'évanouit pour faire place à des agitations, à des malheurs qui, commençant par l'anarchie, finiraient par le despotisme.

Ils veulent la légitimité, car dix siècles leur en démontrent les avantages , et mille exemples leur en prouvent la nécessité.

Ils veulent enfin la religion, car il n'est pas de société sans religion; et celle à laquelle ils sont attachés de cœur comme de conviction, n'a pas peu contribué à illustrer le royaume très-chrétien , etc. , etc.

Que tout électeur raisonnable voie maintenant si tous ceux qui ne sont pas royalistes, et qui, par des projets coupables ou par des illusions dangereuses, veulent, à l'ombre des idées libérales, accroître tellement la liberté qu'elle dégénère en licence; affaiblir tellement la monarchie qu'elle devienne une démocratie; attaquer tellement le pouvoir qu'il ne lui reste aucune force; saper tellement le trône, que, s'écroulant avec fracas, il entraîne peut-être à jamais la considération, la puissance, la prospérité de notre patrie; que tout électeur voie, je le répète, si de tels hommes offrent les mêmes sûretés, les mêmes garanties, et sont les vrais amis du peuple français.

# AVIS PRÉLIMINAIRE.

CE petit écrit, commencé le lendemain même du jour où l'article auquel il se rapporte a paru dans le *Journal des Débats*, était terminé quarante-huit heures après que les premières nominations ont été connues. la composition en aurait demandé moins de temps encore, si l'on n'avait pas été distrait par les soins qu'exigeaient des affaires personnelles qui ne souffraient aucun délai. Les mêmes embarras ont aussi retardé l'impression ; mais on aurait tort de considérer ce travail comme l'une de ces brochures de circonstance, qui n'inspirent qu'un intérêt fugitif et momentané. Nous avons eu l'intention de contribuer à opérer un rapprochement durable entre les partis : en montrant les points très-nombreux sur lesquels ils sont parfaitement d'accord, presque sans s'en douter, nous n'avons pas dissimulé qu'il existait encore, qu'il existerait long-temps, et peut-être toujours, quelques différences dans des opinions purement spéculatives ; mais ces différences ne peuvent plus avoir aucune influence sur la conduite politique, qui de part et d'autre tendra au même but, dès que l'on voudra consentir à s'entendre.

Si les idées se rectifient et s'affermissent en se dirigeant vers un centre commun, nous devons en même temps remarquer que, dans le moment actuel, leur marche est quelquefois tellement rapide, que certaines observations qui étaient hier d'une justesse parfaite, cessent d'être aujourd'hui aussi complètement inattaquables, Nous prions donc le lecteur, s'il veut entrer entièrement dans notre pensée, de se reporter à l'instant précis où cet écrit a été composé. Au reste, nous croyons que l'on y trouvera de la franchise, de la bonne foi, un grand désir de faire le bien, et une connaissance assez exacte des opinions et des intérêts actuels de la France, pour que l'on prenne quelque confiance dans les vues et les aperçus politiques de l'auteur. A l'égard de ses intentions, en descendant au fond de sa conscience, il sent qu'elles sont parfaitement pures, et ce témoignage lui suffirait à défaut de tout autre ; mais il se flatte que l'assentiment et l'estime des véritables *honnêtes gens*, dans tous les partis, ne lui seront pas refusés.

# CE QUE DÉSIRENT

# LES LIBÉRAUX;

## EN RÉPONSE

### A

## CE QUE VEULENT

# LES ROYALISTES.

Dans un gouvernement comme le nôtre, la personne du Monarque est inviolable et sacrée. Le respect l'environne toujours, et l'amour s'y joint, lorsque les peuples sont heureux. Tout le bien qui se fait dans l'état lui appartient ; le mal, s'il y en a, est uniquement l'ouvrage des Ministres. En attendant qu'une loi bien faite établisse très-clairement ce que l'on doit entendre par la responsabilité réelle, il est permis du moins de faire peser sur eux cette responsabilité morale, à laquelle on s'est efforcé d'attribuer une efficacité si rassurante. Quand nous faisons ainsi la part du bien et du mal, nous sentons à merveille qu'il n'y a pas une justice très-exacte dans cette distribution de l'éloge et du blâme, de la reconnaissance et de l'animadversion ; mais ainsi le veut la force des choses, à laquelle on essaierait vainement de se dérober. Les Ministres s'y sont soumis, quand ils ont

accepté ces belles fonctions qui flattent si agréable-
ment toutes les passions de l'homme, les moins
louables, comme les plus nobles et les plus géné-
reuses. Ils savent très-bien d'ailleurs que si leur
administration annonce de grands talens, animés et
soutenus par un véritable amour du bien public,
l'estime de leurs contemporains, et celle de la postérité sera leur récompense : des esprits élevés, sen-
sibles à la vraie gloire, n'en attendent pas de plus
douce. Mais si l'avenir leur présente une glorieuse
perspective, les séduisantes jouissances du présent
sont entourées de quelques épines. La vérité sévère
leur fera entendre sa voix ; il faut savoir l'écouter
avec courage dans l'intérêt de l'état, dans leur propre
intérêt bien entendu. Quelquefois même un zèle
pur, mais trop ardent, ou mal éclairé, emportera
au-delà des bornes que l'homme sage doit se pres-
crire, ou se laissera aller à des imputations un peu
hasardées. Alors une indulgence paternelle, et des
éclaircissemens donnés à propos, ramèneront les
esprits, beaucoup mieux que des rigueurs qui irri-
tent, ou un silence dédaigneux et superbe, qui offense
et accroît les soupçons et les mécontentemens. Pénétrés de tous les devoirs qu'impose le gouvernement
représentatif, mais confians dans les droits qu'il accorde, si nous ne parlons jamais du Monarque
qu'avec le respect et l'amour qui lui sont si bien
dus, nous croyons que les Ministres sont placés dans
une catégorie tout-à-fait différente, et que la censure,
même erronée, de la marche qu'ils ont adoptée, des

actes du gouvernement dont ils sont responsables, est permise à tous les citoyens, pourvu qu'on n'y remarque ni personnalités offensantes ni cette âcreté pleine de violence qui dépare tant d'écrits du moment.

Un article du journal des Débats, presque entièrement écrit avec sagesse et modération, chose assez rare depuis quelques mois, et qui vaut la peine d'être remarquée, a donné l'idée de cet opuscule. Puisque MM. les Royalistes nous signifient impérieusement leur volonté, ne pouvons-nous pas aussi, de notre côté, faire modestement connaître ce que nous souhaitons : peut-être résultera-t-il de cette franchise, avec laquelle chacun des deux partis qui divisent la France, exprimera ses désirs et ses vœux, un rapprochement sincère, qui réjouira le cœur de tous les bons citoyens. On a tant parlé *d'union et d'oubli*, qu'il serait bien temps que de part et d'autre ces belles paroles ne fussent pas bornées à une simple théorie. Les libéraux n'ont pas plus que les Royalistes la mémoire implacable ; ils ne refuseront pas de faire à la prospérité, au repos de la commune patrie, tous les sacrifices d'opinion que leur conscience peut avouer : mais il faut qu'on cesse de les représenter comme des artisans de troubles, comme des fauteurs de discordes, quand ils se réduisent à défendre les intérêts qui sont aujourd'hui ceux de l'immense majorité des Français ; et il sera facile de le démontrer. Les hommes qui observent en silence et sans passion la marche des événemens, tant au-dehors que dans l'intérieur de la France, ont pu remarquer que certaines opinions, ordinairement exprimées avec hauteur et emportement, commençaient à perdre de leur violence. Nos antagonistes viennent de publier leur *ultimatum*; ils dictent en quelque sorte les conditions du traité : ne nous sera-t-il point permis de les discuter avec calme et modération ? Nous serons d'accord avec eux sur presque tous les points ; et c'est un immense avantage. Si nous ne partons pas des mêmes principes, nous arriverons au même but : que peut-on rigoureusement exiger de plus ? Quelques dissidences d'opinions sur les sources du pouvoir ne s'opposent nullement à ce que nous considérions l'autorité actuellement existante comme aussi légitime que tutélaire. Nous ne disputerions donc que sur les époques, et véritablement, au point où les choses sont maintenant arrivées en France, il faut savoir s'attacher des considérations plus importantes.

*Ce que veulent les Royalistes*, ainsi que nous l'annonce celui d'entre eux qui porte la parole pour tous les autres, et qui affirme qu'on ne le démentira pas, se compose d'une suite de propositions que nous allons successivement soumettre à un examen impartial et dépouillé de toute passion haineuse.

*Ils veulent la Charte,* nous dit-on, *car sans elle on verrait renaître de nouveaux troubles, et plus que d'autres ils en sont les ennemis, car plus que d'autres ils en ont été les victimes.*

Les Libéraux veulent aussi la Charte ; ils en désirent vivement la franche et entière exécution ; ils sont également convaincus que sans ellè on verrait de nouveaux troubles : c'est ce qu'ils ne cessent de dire et de répéter, sous toutes les formes, depuis six ans. Leur persévérance à cet égard, la chaleur qu'ils ont mise quelquefois à soutenir cette opinion, leur a valu plus d'une injure; mais ils s'en consolent aujourd'hui qu'ils la voient adoptée par leurs antagonistes. Quant à la prétention qu'affichent les Royalistes d'avoir été, plus que les autres, victimes de nos anciennes discordes, il y aurait à ce sujet beaucoup de choses à dire. Toutes les classes de la société ont souffert de l'effroyable bouleversement qui a suivi la chute de la Monarchie; et c'est parce que le souvenir en est encore très-présent, qu'on ne veut plus s'exposer à courir de tels hasards. Si dans cette terrible crise, qu'un peu plus de lumières, de franchise et de condescendance, aurait fait éviter sans peine, quelques-uns de ceux qui, pendant plusieurs années, se sont attribué la qualification exclusive de Royalistes par excellence, ont éprouvé des pertes plus considérables, qu'ils descendent au fond de leur conscience, et qu'ils se demandent à eux-mêmes si ce n'est pas un peu leur faute. Parlerai-je de ces premiers Émigrés, réunis militairement à Coblentz, quand toute l'Europe était encore en paix, qui ont, si malheureusement pour la Monarchie et pour eux-mêmes, résisté aux instances pressantes que leur adressait le Roi Louis XVI, dans des proclamations solennelles, pour les engager à dissoudre leurs rassemblemens ; et dont la déplorable persévérance a fourni des prétextes si plausibles et des armes si puissantes au parti Républicain ? Signalerai-je la plupart de ces imprudens Contre-révolutionnaires de l'intérieur, agitateurs égoïstes et inhabiles, s'imaginant toujours que le succès le plus décisif allait couronner leurs petites intrigues, quand ils étaient parvenus à soulever quelques misérables hameaux ; et paraissant ne songer jamais aux calamités sans nombre que ces entreprises étroites et mal combinées devaient attirer sur des populations qui souvent ne demandaient qu'à demeurer paisibles ? (1) Mais nous voudrions pouvoir verser un baume salutaire sur des plaies encore très-doulou-reuses, au lieu de les envenimer en rappelant de tristes souvenirs ; aussi nous nous abstiendrons de leur donner de plus amples développemens. D'ailleurs, parmi ces Émigrés qui ( les hommes de cette époque ne l'ont pas oublié ) excitaient une animadversion si vive et si générale, combien de femmes, d'enfans, de vieillards ont porté la peine d'une faute ( si faute y a ) qui ne leur était pas personnelle ! combien d'autres, forcés de quitter la France pour sauver leurs têtes, à cette funeste époque où le désordre était monté à son comble ; n'ont jamais pris les armes contre le pays qui les avait vu naître ! combien enfin n'ont pas fran-chi les frontières, étaient même cachés très-près de leur résidence habituelle, et dont les biens, sous prétexte d'émigration, ont été sequestrés, confisqués,

---

(1) Nous n'entendons point ici parler des Vendéens. Cette grande insurrection, où tant de sang a été répandu en pure perte, ne peut pas être bien jugée, sans entrer dans de très-longs détails que cet écrit ne comporte pas.

irrévocablement vendus ! Quand on réfléchit sérieuse-
ment à tous les désastres , à toutes les aberrations de
ces temps orageux , on doit sincèrement regretter
qu'une grande et généreuse nation comme la nôtre ,
n'ait pas offert des indemnités à une classe d'Émigrés,
et à l'autre des secours. Trois ou quatre idées saines
et justes dans la tête des Ministres, lors de la restaura-
ration , épargnaient à la France une funeste catastrophe. En première ligne se présentaient l'Armée et
les Émigrés ; l'Armée victorieuse pendant vingt ans ,
malheureuse un seul jour , enorgueillie de ses anciens
triomphes , irritée de son abaissement momentané ,
ayant encore à un haut degré le sentiment de sa force ,
et des droits acquis au prix de son sang versé dans les
combats ; l'armée ne pouvait être traitée avec trop de
ménagemens , de bienveillance et de générosité. Quelle
pitié de prétendre qu'elle oubliât, dans un moment,
l'homme extraordinaire qui l'avait menée à la con-
quête de l'Europe ? que trois à quatre cent mille guer-
riers, qui pour la plupart n'étaient pas nés quand les
Bourbons avaient quitté la France , dont le surplus
sortait à peine de l'enfance à cette époque , se prissent
tout-à-coup d'une affection très-vive pour une famille
qui, il faut le dire, leur était alors parfaitement
inconnue. Le temps seul pouvait donner une autre
direction à des idées et à des sentimens fortifiés par
une longue habitude ; et ce temps n'aurait pas même
été fort long , car le militaire français s'attache facile-
ment à quiconque lui témoigne de la confiance et se
montre tout-à-lafois bon et juste envers lui. Il fallait

imiter M. le prince de Poix, qui entendant quelques grenadiers de la vieille garde crier *vive l'Empereur*, presque sous les fenêtres du Monarque, au lieu de paroles injurieuses, que beaucoup d'autres leur auraient adressées sans doute, se contenta de leur dire : « Vous
» vous trompez, mes amis ; ce n'est plus *vive l'Empe-*
» *reur* qu'il faut crier maintenant, mais bien *vive le*
» *Roi* : vous étiez fidèles et dévoués à votre Empereur,
» et je vous en loue ; vous le serez désormais à votre
» Roi, qui vous aimera comme ses enfans, réclamera
» votre courage quand la patrie sera menacée, et
» prodiguera un peu moins votre sang que Napoléon
» ne l'a fait. »

L'Armée a-t-elle été traitée, en 1814, comme il était convenable, et de la bonne politique qu'elle le fût ? Je crois qu'il serait difficile de répondre par l'affirmative.

Les Émigrés indemnisés ou secourus manquaient de motifs et de prétextes pour faire entendre des plaintes plus ou moins fondées, pour élever ces singulières prétentions aux faveurs presque exclusives du Monarque, qui ont excité tant de mécontentemens. Il aurait pu en coûter quatre à cinq cents millions à la nation française ; mais elle se serait montrée juste pour les uns, généreuse envers les autres : elle y aurait gagné en outre près de quinze cents millions, ce que prouve le compte des charges imposées à la France par ses fidèles alliés, que le lord Castelreagh a présenté au parlement d'Angleterre. Dans cette hypothèse, les Ministres, qui parurent avoir oublié que la Charte avait maintenu en vigueur toutes les lois, tous les décrets et règlemens d'administration publique qu'elle n'avait pas abrogés, auraient pu aussi se dispenser de distribuer cette prodigieuse quantité de pensions de toute espèce, et de grades militaires, qui ont causé un peu plus que de l'étonnement. Le trésor public n'eût pas été grevé d'une charge énorme, et l'Armée n'aurait pas vu apparaître tout-à-coup dans ses rangs une foule d'hommes qu'elle n'y avait jamais aperçus. Puisque le Monarque avait bien voulu se dessaisir d'une partie de la puissance absolue, que l'on croit qu'il avait recouvrée en touchant le sol de la France, pourquoi les Ministres n'ont-ils pas demandé de nouvelles lois aux trois grands pouvoirs constitués, avant d'accorder cette multitude de récompenses à des services que les lois anciennes n'avaient pas reconnus ? Il nous semble qu'en agissant comme il a fait, le Ministère de cette époque s'est montré peu soucieux de sa responsabilité, même morale, bienveillant pour une certaine classe d'hommes plutôt que juste envers l'universalité de la nation, et surtout fort prodigue des fonds de l'État.

Nous nous dispenserons d'énumérer plus longuement les fautes, les imprudences et les injustices qui ont rendu malheureusement si facile le retour de Napoléon, en 1815, et qui seules ont pu lui en donner l'idée. On composerait sans peine de tout cela un volume de taille raisonnable : mais comme nous ne nous proposons pas de traiter cette matière, nous allons reprendre notre analyse.

*Ils veulent la constitution actuelle; car elle a été*

*donnée par le Roi, jurée par les Princes de son sang;*
*elle est désirée par toute la nation; et elle peut faire,*
*si l'on est sage, sa force, sa gloire et son bonheur.*

Les Libéraux sont ravis de pouvoir hautement déclarer qu'ils partagent toutes les idées, toutes les espérances dont ce paragraphe renferme l'expression. Mais comme ils veulent que leurs paroles présentent le caractère d'une entière franchise, comme ils ne craignent point qu'on lise au fond de leurs cœurs, ils ne feront pas difficulté de reconnaître que la constitution, telle qu'elle existe, leur plairait d'avantage, qu'elle leur paraîtrait assise sur des bases plus immuables encore, si elle eût été librement débattue entre les parties contractantes, et réciproquement consentie. Les conseillers du Monarque, rappelé, par une série d'événemens qu'il était impossible de prévoir, au trône qu'avait occupé sa famille, ont pu croire de très-bonne foi qu'il revenait investi de la plénitude du pouvoir le plus illimité. Les Libéraux, de leur côté, ont pensé avec la même bonne-foi que, dans une circonstance aussi grave, et après un renversement aussi complet de toutes les anciennes institutions, la nation française avait le droit d'intervenir dans la formation de son nouveau gouvernement. L'empereur Alexandre lui-même l'avait formellement reconnu dans la proclamation où, en déclarant qu'il ne traiterait point avec Napoléon Bonaparte, ni avec aucun membre de sa famille, il ajoutait que la nation française se donnerait le gouvernement qui lui conviendrait le mieux. Les choses n'ont pas été réglées ainsi que l'espéraient beaucoup d'hommes qui ne se croient ni des factieux ni de mauvais citoyens ; mais on est arrivé au même but par une route différente.

La constitution actuelle a déja reçu la sanction du temps ; elle a obtenu l'assentiment de l'immense majorité des Français, qui s'y sont soumis avec joie, et qui voient en elle tous les germes d'une haute prospérité. Il y aurait aujourd'hui une sorte de démence coupable à ne pas reconnaître dans cet acte important tous les caractères d'une loi fondamentale, qui lie les citoyens comme le prince, et qui est devenue inattaquable au fond ainsi que dans sa forme. Elle est désirée par toute la nation : nos antagonistes le reconnaissent, et nous sommes à cet égard parfaitement d'accord avec eux. *Donnée par le Roi, jurée par les Princes de sa famille*, elle est maintenant le patrimoine incontestable du peuple Français : on ne reprend point, on ne peut pas reprendre ce que l'on a une fois donné ; car ce que nous avons donné ne nous appartient plus : nos princes ne sont pas d'ailleurs au nombre de ceux qui croient que

« Il n'est point de serment dont Rome ne dégage.

La défiance sur le fond des choses serait donc déraisonnable et même injurieuse : les Libéraux n'en conservent pas. Ils sont également persuadés que la constitution qui nous régit *peut faire la gloire, la force et le bonheur de la France*, si l'on est sage.

En quoi consistera cette sagesse ? C'est ce que les propositions royales, les débats des Chambres, l'expression libre et calme de l'opinion publique, pourront seuls nous apprendre.

Continuons notre examen.

*Les Royalistes veulent la liberté, car elle assure leurs droits et leurs jouissances ; mais ils la veulent raisonnable, calme, et aussi éloignée de la licence que du despotisme.*

Ce paragraphe est encore parfaitement irréprochable, et les Libéraux l'adoptent complètement; ils prendront seulement la liberté de demander si les Royalistes pensent que *leurs droits et leurs jouissances* ne soient pas les mêmes que ceux des autres Français : on ne le croit pas. Peut-être cette phrase incidente fait-elle allusion à ces temps de désastreuse mémoire, où l'épithète de *royaliste*, bien ou mal appliquée, était un titre de proscription. Mais ces temps sont heureusement déjà fort loin de nous, et depuis vingt ans tout est rentré en France dans le droit commun.

*La liberté, calme, raisonnable, aussi éloignée de la licence que du despotisme*, est vraiment le beau idéal de la société, le but vers lequel on doit tendre sans cesse, mais qu'il ne faut pas se flatter d'atteindre complètement, parce qu'il n'est pas donné à l'homme ici-bas d'arriver à la perfection. Il est des esprits étroits, des caractères pusillanimes, que la moindre chose effarouche et intimide, qui s'imaginent que tout est perdu, dès qu'ils aperçoivent la plus légère agitation. La peur les rend durs et inflexibles : ils ne savent qu'opposer des moyens violents aux irritations passagères que des mesures fermes mais paternelles apaiseraient sans peine. C'est qu'il nous manque encore de sages institutions, également propres à prévenir comme à calmer promptement ces effervescences populaires qui deviendront chaque jour plus rares parmi nous. Mais ce serait tomber dans une grande erreur que de s'alarmer de cette chaleur des esprits, de ce mouvement rapide de la pensée, qui tiennent à l'essence même du gouvernement que nous avons adopté. Les temps anciens ne nous ont montré que des républiques agitées, ou des monarchies absolues : ici une servitude ignoble dégradant l'homme, la créature par excellence sortie des mains de la divinité ; là une liberté désordonnée, rendue haïssable par ses excès. Un spectacle fort différent occupera désormais la scène du monde : des républiques fédératives, et des monarchies constitutionnelles se partageront tous les pays où l'esprit de la véritable civilisation a pénétré ; et cet esprit de la civilisation moderne, qui parmi nous a fait tant de progrès depuis cinquante ans, se développera dans les lieux mêmes qui ont paru y être jusqu'ici les plus inaccessibles. Le grand problème de l'accord entre l'ordre et la liberté est tout près d'obtenir une éclatante solution. Nous sommes à l'aurore d'un beau jour que nos arrière-petits neveux verront luire dans toute sa pureté. Peut-être sommes-nous destinés à être encore battus par plus d'un orage; mais il y a dans une raison forte, dans une fermeté

courageuse, dans ce généreux dévouement que com-
mande l'amour de la patrie, des moyens bien puissants
de conjurer les tempêtes politiques. Quels que soient
lesdissentimens d'opinions où les Libéraux pourront
être entraînés, ils se feront toujours un devoir reli-
ligieux de maintenir et de respecter la paix publique :
ils se flattent que leurs antagonistes donneront ou imi-
teront cet exemple.

*Les royalistes veulent l'égalité; car elle est l'idole
de leurs compatriotes, et je la dirai franchement, la
folie du siècle : mais ils la veulent juste, mesurée, et
devant la loi, enfin comme elle peut exister réellement.*

Voici très-certainement l'aveu le plus remarquable,
la concession la plus forte qui ait encore été faite par
les hommes qui ont jugé à propos de se constituer nos
adversaires, et avec lesquels nous finirons sans doute
par nous entendre à merveille. Oui, l'égalité est véritablement l'idole de nos compatriotes qui en jouissent
depuis trente ans ; et tous les efforts qu'on ferait pour
la leur ravir seront toujours impuissans : lors même
qu'ils obtiendraient un succès momentané, ce qui,
nous l'espérons bien, n'arrivera jamais. L'égalité est
aujourd'hui un arbre vigoureux, qui a jeté de pro-
fondes racines dans le sol français ; on s'exposerait
à de violentes commotions si l'on s'opiniâtrait à vouloir l'en arracher. Sait-on pourquoi des regrets inap-
perçus s'attachent encore au régime impérial, quelque
dur et oppressif qu'il fût devenu dans les derniers
temps? C'est que Napoléon, malgré son faible pour

l'ancienne noblesse, qu'il a comblée de places, de dignités et d'honneurs quand elle a voulu les rechercher, malgré la singulière fantaisie qui lui était venue à lui-même de créer une nouvelle noblesse, n'a pas cessé de maintenir l'égalité comme l'un des principes fondamentaux de son gouvernement. On pouvait envier les hautes fortunes qu'il avait élevées, et bien des gens ont puisé dans cette jalousie secrète, qu'ils ne s'avouent peut-être pas à eux-mêmes, leur royalisme subit et exagéré; mais quiconque voulait s'ouvrir une carrière, ne redoutait ni souvenirs d'opinions, ni antécédens politiques, ni distinctions de naissance. Le royaliste comme le républicain, l'émigré comme celui qui n'avait jamais quitté la France, l'ancien noble, le nouveau noble, le plébéien, jouissaient des mêmes droits, pouvaient concevoir les mêmes espérances, non pas en théorie seulement, mais dans une pratique très-réelle. Sans doute la faveur des hommes en crédit, les avantages de la fortune, l'adresse, l'esprit d'intrigue, secondaient merveilleusement les efforts d'une ambition raisonnable; mais elle n'appréhendait pas au moins ces obstacles que le dévouement, les talens supérieurs, le génie même, ne parvenaient presque jamais à franchir autrefois, et qu'on a pu craindre de voir renaître de nos jours. Le gouvernement du Roi, éclairé par l'expérience, animé par le sentiment d'une exacte justice distributive, ne rendra pas illusoire l'article de la Charte qui déclare que tous les Français sont admissibles aux emplois militaires et civils;

il ne heurtera pas le vaisseau de l'état contre un écueil qui pourrait bien ne pas le briser , mais qui lui causerait de grands dommages : il se saisira avec avantage d'un moyen puissant de conquérir, de conserver, et d'accroître l'affection des peuples. S'il donne une grande part dans ses faveurs à la haute propriété que son intérêt attache à l'ordre , à certaines familles que recommandent d'antiques souvenirs, à cette nouvelle noblesse dont presque tous les membres se sont illustrés par les armes , dans l'administration ou dans la magistrature , il ne déshéritera point le reste de la nation. Il puisera surtout abondamment dans cette classe moyenne de la société , si éclairée , si morale, si bien disposée à confondre le Prince et sa famille dans son ardent amour pour la liberté et pour la patrie ; cette classe extrêmement nombreuse qui , par ses talens, par son courage, son énergie , par ses richesses, son industrie, et ses lumières, compose aujourd'hui en France une des plus grandes forces de l'état , lui fournira une multitude de militaires braves et instruits , de magistrats et d'administrateurs qui honoreront leurs fonctions : mais elle est particulièrement atteinte de *la folie de l'égalité*, pour parler le langage de nos adversaires , et il serait d'une très-mauvaise politique de tromper les espérances que des promesses réitérées , et des engagemens solennels lui ont permis de concevoir.

Oui , l'égalité est *la folie du siècle* ; et cette folie, comme *celle de la croix* , (1) s'il est permis de

---

(1) Voyez les Actes des Apôtres , les Épitres de saint Paul , l'histoire des premiers siècles de l'Eglise.

rapprocher les choses sacrées des choses profanes, deviendra bientôt la sagesse universelle. On s'étonnera dans cinquante ans, qu'il ait fallu tant d'efforts et de persévérance pour obtenir une chose si naturelle et si simple. Nous n'entreprendrons pas de deviner quels pourront être les développemens ultérieurs que la suite des siècles et les progrès de la raison publique donneront un jour à cette grande pensée des temps modernes ; mais l'égalité, telle qu'elle est établie par la Charte, nous suffit, pourvu que, dans l'exécution, elle soit accordée avec loyauté et bonne foi. Quelques dérogations au droit commun ont été jugées utiles dans l'intérêt général ; nous nous y soumettons avec respect, lors même que nous ne serions pas entièrement convenus de leur indispensable nécessité, parce que nous ne pensons pas qu'on veuille jamais leur donner une extension plus grande encore.

On ne nous verra pas non plus, tribuns factieux, égarer le jugement de la multitude, enflammer ses passions, en l'enivrant des illusions d'une égalité chimérique ; celle des fortunes, par exemple, tout-à-la-fois injuste et absurde, qui ne pourrait s'établir que par la spoliation, et que la même semaine verrait disparaître. Nous désirons que le cultivateur continue de labourer son champ, que l'artisan exerce son industrie sans entraves, que le manufacturier poursuive ses utiles entreprises, que le négociant fournisse aux besoins de la consommation, que chaque état enfin se renferme sagement et volontairement dans

sa sphère d'activité ; mais nous ne voudrions pas qu'il
y fùt circonscrit d'une telle manière que toute émula-
tion se trouvât éteinte, et que des talens précieux
pour la société demeurassent en ouis faute de développemens et d'espérancés. Il faut, pour qu'il y ait
justice et harmonie dans le système social, que, même
dans la plus humble fortune, l'homme à qui la nature
a départi de grands talens, qui les a perfectionnés
par l'éducation, à qui ses qualités morales ont mérité
la considération et l'estime, puisse espérer de parvenir au dernier terme de la carrière qu'il aura embras-
sée, si le temps et les événemens n'y mettent pas
d'obstacles. De même aussi, l'homme ignorant, inca-
pable, immoral, à qui un simple particulier ne
confierait pas la gestion de ses affaires, ne doit point
obtenir des emplois importans et de hautes fonctions,
par cela seul qu'il jouit d'une grande fortune, ou que
l'un de ses ancètres s'est illustré il y a cinq cents ans.
Quand le Ministère sera bien pénétré de ces vérités
importantes, quand il y conformera son système de
conduite, toutes les difficultés dont il croit que sa
route est semée, disparaîtront comme par enchante-
ment ; il sera tout émerveillé de voir à quel point le
Peuple français est devenu facile à gouverner : bonté,
justice, dévouement à l'intérêt général, et franchise
dans l'exécution de la Charte ; voilà en peu de mots
tout le sommaire de la politique, dont on prend la
respectueuse liberté de lui donner ce conseil. Pourquoi n'essaierait-il pas une fois ce moyen, qui aurait
au moins le charme de la nouveauté ? S'il voulait bien

aussi appliquer sur nos blessures un peu de ce baume *d'union et d'oubli*, qu'on a tant préconisé, et dont on use si rarement, les choses n'en iraient que mieux; car enfin n'est-il pas fâcheux que, sous le gouvernement d'un Prince qui veut être le père de tous les Français, on voie reparaître, dans la distribution des plus minces emplois, quelques-unes de ces formes inquisitoriales et exclusives qui rappellent, au moins sous ce rapport, une trop funeste époque? La probité, les talens, les services, qui sont déjà de grands titres par eux-mêmes, et qui garantissent l'expérience acquise, ne devraient-ils pas suffire? Pourquoi faut-il y ajouter ces attestations, ces recommandations empreintes de l'esprit de parti, que l'intrigant souple et peu délicat se procure sans peine, et que l'honnête homme qui a le sentiment de sa dignité rougirait de mendier? Le respect que l'on doit au Monarque n'est nullement altéré par toutes ces petites mesures dont on a grand soin sans doute de ne pas lui dire un seul mot; mais le mécontentement qu'elles produisent ne retranche-t-il pas quelque chose de l'affection que les bons citoyens, dans toutes les classes, sont jaloux de lui porter? et ceux qui, à son insu, y mêlent des sentimens pénibles, n'ont-ils pas de justes reproches à se faire? Oh! que le Premier Consul de la république fut bien mieux avisé quand il saisit, il y a vingt-un ans, les rênes de l'État! Le Comité de salut public et le Directoire exécutif semblaient s'être appliqués à semer les haines et les défiances entre toutes les classes de citoyens. Ils voulaient un dévouement aveugle;

les hypocrites et les flatteurs ne leur manquèrent pas
plus qu'ils n'ont manqué à une époque plus rappro-
chée de nous, mais ils disparurent au jour du danger.
Le général Bonaparte voyait les choses d'un peu plus
haut ; il savait fort bien que cette foule d'employés qui
peuplent les administrations publiques, et qui pour
de modiques traitemens se condamnent à une existence triste et monotone, est sans influence sur les
destinées de l'État. Il ne leur fit pas l'honneur de s'in-
former de leurs opinions politiques, et il laissa dans
leurs places, à moins d'une incapacité absolue, ou
d'une opposition violente et manifeste, tous ceux qui
les remplissaient. Quant aux fonctions élevées, il les
confia à quiconque lui parut avoir des talens et de
l'expérience, sans attacher une importance ridicule à
ce qu'il avait fait, dit ou pensé auparavant. Des hommes
qui s'étaient dirigés d'après des systèmes de conduite
fort différens, furent tout étonnés de se trouver assis
autour de la même table au conseil-d'état, de siéger
sur les mêmes bancs dans les tribunaux : ils se haïs-
saient, ils se méprisaient sans se connaître ; en se
rapprochant les uns des autres, leurs cœurs s'ouvrirent
à des sentimens d'estime mutuelle ; quelquefois même
à un véritable attachement. Le Premier Consul met-
tait autant de soin à calmer les ressentimens, que
ses prédécesseurs en avait apporté à les aigrir. Les
désirs et l'exemple du chef de l'état, toujours si puissants sur l'esprit de la multitude, produisirent en
peu de temps, un effet presque miraculeux. Les Français, naguère si divisés, oublièrent leurs tristes dis-

cordes. Personne n'avait perdu au changement qui s'était fait ; beaucoup y avaient gagné. Les libertés publiques n'avaient pas encore reçu les graves atteintes qui leur furent portées dans la suite ; la reconnaissance et l'affection du peuple français recompensèrent l'habile et judicieuse politique de son suprême magistrat. On doit reconnaître en effet que les premiers temps de son administration sont dignes de beaucoup d'estime. Heureuse la France, heureux lui-même, s'il ne s'était pas engagé dans une autre direction, qui a donné naissance à de nouvelles guerres si longues et si cruelles ! mais on conviendra du moins que tous les exemples donnés par ce soldat parvenu n'étaient point à dédaigner, et qu'on n'aurait pas trop mal fait d'en suivre quelques-uns.

Cette digression, qui au reste ne nous paraît pas sans utilité, nous a un peu éloignés de notre sujet ; nous allons y revenir.

*Ils veulent* ( les Royalistes ) *la monarchie telle que les événemens nous l'ont donnée, telle que les circonstances l'exigent, telle que la sagesse royale l'a modifiée ; car ils ont toujours été attachés au système monarchique, et toute autre monarchie que celle que nous avons est impossible.*

Nous remarquons avec une satisfaction très-vive que nous continuons d'envisager, sous le même point de vue que nos antagonistes, toutes les sommités de notre état politique. Ici je rencontre néanmoins une différence assez remarquable, mais qui est sans importance relativement au fond des choses ; sur lequel

nous sommes encore du même avis , ce qui ne laisse
pas que d'être aussi heureux que singulier. La masse
entière des Libéraux ne peut pas dire , comme les
Royalistes l'affirment d'eux mêmes , qu'ils ont toujours
été attachés au système monarchique ; plusieurs d'entre eux sont d'anciens républicains, non pas de ceux
qui ont attaqué le château des Tuileries au 10 août ;
cet acte de violence n'a jamais obtenu leur approba-
tion : moins encore de ceux qui, un an plus tard,
remplissaient les comités et les tribunaux révolution-
naires ; une juste horreur s'attache au souvenir de
ces hommes sanguinaires et féroces. Mais parmi les
innombrables partisans de la première révolution,
(commencée en 1789 , et terminée à l'acceptation de
la Constitution par le Roi ) qui voulaient reconstituer
et non pas détruire la monarchie, les uns plus ardents
par caractère , tout en blâmant les violences et les
excès qui avaient préparé l'établissement de la république , ne se sentaient aucune répugnance à adopter
cette forme de gouvernement : les autres plus modérés
ou moins hardis, effrayés et affligés des scènes de
désolation qui frappaient leurs regards , s'étaient
condamnés au silence et à la retraite ; mais lorsque
le sang cessa de couler sur les échafauds , quand la
justice et l'ordre commencèrent à reparaître dans les
tribunaux et les administrations , alors ils acceptèrent,
ils recherchèrent même les fonctions publiques ; ils
les remplirent honorablement , et crurent remplir un
devoir en travaillant à perfectionner et à affermir
l'ordre de choses qu'ils trouvaient établi. Quant aux

premiers, emporté par la fougue du tempérament
et par leur bravoure naturelle, ils s'étaient précipités
dans les camps; toujours les armes à la main pour
défendre l'indépendance nationale, n'ayant ni le
temps ni la volonté de donner une grande attention
à ce qui se passait dans l'intérieur, ils s'étaient habi-
tués à considérer la patrie et la république comme
formant un tout indivisible. C'est dans ces deux classes
de républicains que se trouvaient quelques-uns de
ceux qui depuis ont grossi les rangs des Libéraux.
Mais que le Gouvernement ni les Royalistes n'en
conçoivent aucune inquiétude : outre que leur nombre est peu considérable, ces hommes ont passé l'âge
où l'on nourrit de folles espérances; ils ont assez de
justesse dans l'esprit, assez de loyauté dans le caractère, pour ne conserver aucune arrière-pensée : ils
savent très-bien que, dans l'état actuel des esprits et
des choses, si l'établissement éphémère d'une république en France n'était pas rigoureusement impossible, parce que rien de ce qui n'est pas évidemment
absurde n'est impossible à l'homme, la seule tentative
qui en serait faite, avec un succès momentané, ferait
de nouveau couler en Europe des ruisseaux de sang, et
n'obtiendrait jamais un résultat décisif. C'est donc de
très-bonne foi et avec une entière conviction de son
excellence relative, qu'ils s'attachent et se dévouent
au maintien de la Monarchie constitutionnelle telle
que la Charte l'a établie; et ils sont bien aises en même
temps de déclarer, de la manière la plus positive,
que la famille des Bourbons est à leurs yeux une par-

tie principale, essentielle et intégrante de la Charte, et qu'ils ne conçoivent pas qu'elle puisse en être séparée. Au reste il est fort douteux que les hommes qui se réservent, à eux seuls, le titre de Royalistes, aient *toujours* été attachés au système monarchique tel qu'ils se vantent de l'avoir conçu dans tous les temps, c'est-à-dire, absolument inséparable de la dynastie actuellement régnante, et n'aient jamais rien fait qui fût en opposition avec cette opinion ; car alors leur nombre serait prodigieusement restreint, ce que sans doute ils n'ont pas intérêt à nous persuader.

Les Royalistes *veulent la dynastie des Bourbons ; car sans elle la Charte, la constitution, la liberté, les arts, le commerce, les richesses, le repos, intérieur, la paix extérieure, tout s'évanouit pour faire place à des malheurs, à des agitations qui, commençant par l'anarchie, finiraient par le despotisme.*

Sans admettre dans toute leur étendue les sinistres prédictions que l'on nous présente comme l'inévitable conséquence d'une hypothèse funeste, et qui, nous l'espérons bien, ne se réalisera pas, nous reconnaissons sans balancer que la dynastie des Bourbons est aujourd'hui très-nécessaire au repos et au bonheur de la France. Ce serait pour elle un grand malheur que de la perdre toute entière par suite d'événemens qui, tels que la mort naturelle, ne porteraient point le caractère du crime : ce serait un beaucoup plus grand malheur encore si, par de coupables complots, on forçait cette auguste Famille à quitter une troisième fois le sol de la patrie. Les Libéraux désavouent

hautement d'avance, ils repoussent du milieu d'eux
avec indignation quiconque songerait à ourdir des
trames aussi détestables. Toujours ils s'opposeront,
et de tout leur pouvoir, à ces criminelles entreprises ;
et si des injustices personnelles, des vexations gra-
tuites, arrachaient à quelques-uns d'entre eux des
plaintes un peu amères, ils ne cesseront jamais de
conserver pour le Monarque le respect inviolable
qui est dans leur cœur, comme dans les principes et
les convenances du système représentatif. Les seuls
dépositaires du pouvoir seront l'objet de leur censure
quand ils la croiront fondée. Cette profession de foi
paraîtra-t-elle assez complète? Nous fera-t-on l'honneur
de croire qu'elle est la franche expression de nos
véritables sentiments? Peut-être un petit nombre de
ces hommes passionnés, dont l'évidence même ne
détruirait pas les aveugles préventions, révoqueront-ils
en doute notre sincérité ; mais nous avons une trop
bonne opinion de la grande masse de nos antagonistes,
pour croire qu'ils regardent la bonne-foi, l'honneur
et la probité comme étant devenus leur patrimoine
exclusif. Ainsi nous n'entendrons plus sans doute ces
accusations ridicules et bannales, dénuées de preuves
comme de vraisemblance, qui peuvent tout-au-plus
séduire une multitude ignorante, mais auxquelles
des hommes qui se respectent doivent rougir de
prendre part.

Nous poursuivons notre examen critique, et l'on
conviendra que jusqu'ici l'idée que l'on attache com-
munément à cette épithète, a exercé peu d'influence
sur nos observations.

*Ils veulent la légitimité; car dix siècles leur en démontrent les avantages, et mille exemples en prouvent la nécessité.*

Deux observations de fait se présentent ici :

Il y a 833 ans que Hugues-Capet s'est emparé de la couronne qui appartenait au dernier prince de la dynastie Carlovingienne ; ce n'est donc pas tout-à-fait dix siècles, comme on le voit.

Un exemple très-remarquable, placé près de nous, et qui subsiste depuis cent trente-deux ans, jetterait aussi quelque embarras dans la discussion, si nous nous donnions le tort de l'engager ; et il est de notre devoir de l'éviter avec soin.

De hautes considérations d'ordre public doivent déterminer aujourd'hui à adopter franchement la doctrine de la légitimité, ceux-là mêmes dont la raison ne pourrait admettre ce principe comme une vérité absolue et rigoureusement démontrée.

Mais ce nombre prodigieux de fonctionnaires publics, de militaires, d'ecclésiastiques, de magistrats, d'employés, qui ont rempli la période écoulée depuis 1792 jusqu'en 1814, n'en ont pas moins servi très-réellement, et très-loyalement la France et l'État.

Ainsi donc, si quelques Libéraux n'entendent pas la légitimité tout-à-fait de la même manière que les Royalistes, ils y sont maintenant, comme eux, fortement et invariablement attachés. Ici la légitimité découle de titres considérés comme imprescriptibles, même à travers une longue suite de siècles ; là elle repose principalement sur la Charte constitutionnelle, qui a formé un nouveau contrat entre la dynastie et le peuple, et les a unis d'un lien désormais indissoluble. Comme on l'a déjà dit, les principes spéculatifs peuvent offrir quelques légères différences, mais leur application pratique, et les résultats, qui seuls ont une véritable importance, sont absolument les mêmes. On a souvent répété qu'il était parfaitement égal que l'on revînt à la Charte par le Roi, ou au Roi par la Charte; voici le moment ou jamais de faire la sage application de cet axiome.

*Ils veulent enfin la religion, car il n'est pas de société sans religion; et celle à laquelle ils sont attachés de cœur, comme de conviction, n'a pas peu contribué à illustrer le royaume très-chrétien.*

Aucune société, quel que fût son gouvernement, n'a existé sans religion; c'est une vérité qu'atteste l'histoire de tous les peuples anciens et modernes : les Libéraux ne balancent pas à l'admettre. On en conclut l'indispensable nécessité d'une religion : la conséquence est judicieuse; aucun homme raisonnable ne songera à la combattre. Mais parmi tous ces cultes si variés qui ont couvert et couvrent encore la surface du globe, existe-t-il une religion qui soit la seule véritable, et par conséquent la meilleure ? Les Chrétiens ne doutent pas que la leur ne possède cet immense avantage, et ils ont les plus fortes raisons de le croire. Cependant chaque peuple, chaque individu regarde la sienne comme préférable à toutes les autres; sans cela il aurait tort d'y demeurer attaché.

3

Qui donc sera juge., au milieu de tant d'opinions divergentes, profondément enracinées dans les esprits, et y présentant tous les caractères d'une vérité de conviction? Dieu seul qui lit au fond des cœurs, qui, pour rectifier les écarts de notre raison dans l'accomplissement des devoirs, a placé en nous ce sublime instinct moral auquel on a donné le nom de conscience, régulateur fidèle, guide infaillible, dont la voix, quelquefois importune mais toujours salutaire, ne manquera jamais de se faire entendre, si nous voulons l'écouter dans le silence des passions. Le culte que nous rendons à la divinité dépend d'une foule de circonstances locales qui s'emparent de nous, dès que notre raison commence à se développer, maîtrisent nos facultés intellectuelles, modifient notre jugement, et déterminent ces premières impressions, qui ordinairement deviennent ineffaçables. Il ne faut pas un génie très-étendu, une grande culture d'esprit, pour décider si telle action est juste ou injuste, telle autre blâmable ou digne d'éloges ; mais comment un homme sage et éclairé, qui a réfléchi sur la manière dont se forment les idées religieuses, pourrait-il avoir le courage de dire à son semblable : C'est en vain que tu as été bon, sensible, humain, que tu t'es efforcé de vivre vertueux, la divinité te condamnera irrévocablement, parce que tu t'es trompé ; et moi qui ai su éviter l'erreur, je jouirai d'une félicité qui ne finira point? La raison humaine, si élevée, et si forte sous quelques rapports, est à d'autres égards tellement faible et bornée, que nous ne sau•

rions porter trop loin l'indulgence réciproque que nous nous devons. Ils sont donc dignes de nos hommages et de notre reconnaissance, ces hommes de génie dont la voix éloquente a rendu la tolérance populaire ; elle a passé dans nos mœurs et dans notre législation, mais elle ne prêche, n'autorise, ni n'encourage l'indifférence absolue en matière de religion, comme l'a pensé un écrivain célèbre (1). Cette indifférence, encore trop générale, mais qui diminue tous les jours, tenait à d'autres causes dont le développement n'appartient pas à notre sujet.

*Les royalistes veulent la religion.* Très-certainement ils entendent parler de la religion chrétienne qui est celle de tous les Français, moins un petit nombre de Juifs à qui la raison, la justice et les lois commandent de laisser le libre exercice de leur culte.

Une erreur très-commune, et que beaucoup de ministres des autels ont le tort de propager, consiste à appliquer la qualification d'athée, qui dans tous les siècles a imprimé une sorte de tache, à quiconque a le malheur de ne pas considérer la vérité de la révélation comme parfaitement démontrée. Mais l'homme qui admet l'existence de Dieu et l'immortalité de l'ame, qui croit à des peines et à des récompenses dans une autre vie, mérite-t-il cette épithète, que l'on a sans doute bien fait de tâcher de rendre odieuse, et dont on s'efforce très-injustement de le flétrir ? Ces bases essentielles de toute morale, qu'il reconnaît et qu'il

---

(1) M. l'abbé de La Menais.

adopte, n'offrent-elles pas une forte garantie de sa
conduite dans l'état social ? Il y a aussi loin du déisme
à l'athéisme que de l'existence au néant. A la vérité
le déisme pur, qui ne prescrit aucun culte extérieur,
qui connaît rarement ces élévations vers la divinité
dont notre faiblesse a besoin d'être soutenue, ne présente peut-être pas à l'homme un assez ferme appui
dans les orages de la vie, et c'est là son plus grave
inconvénient. Aussi voit-on des déistes de bonne foi
qui, après avoir cherché la vérité dans toute la sincérité de leur cœur, n'ayant pu parvenir à détruire
complètement les objections, insolubles pour eux,
qui balancent de très fortes preuves, ont cessé de se
tourmenter pour atteindre un but qui semble se dérober à tous leurs efforts. Mais comme le Dieu créa-
teur et modérateur de toutes choses, essentiellement
bon et juste, dont ils admettent l'existence, est le même
qu'adorent les Chrétiens, avec lesquels d'autres croyan-
ces, qu'ils sont loin de rejeter complètement, leur
ont été long-temps communes, ils n'éprouvent aucune
répugnance, ils trouvent de l'utilité et du plaisir à
entrer dans les temples, à mêler leurs prières à celles
des fidèles qui y sont rassemblés. Ils regrettent même
quelquefois, surtout dans les jours du malheur, de ne
point partager leur foi vive ; parce que la pensée et
l'image d'un Dieu qui, pour le salut de sa créature,
revêt la nature humaine, et en supporte toutes les
misères, offrent quelque chose d'attendrissant qui
touche et soulage un cœur ulcéré par l'injustice, et
le dispose à la résignation, consolatrice de l'infortune.

La grande société chrétienne en France est divisée en deux communions. Les dépenses de leurs cultes respectifs sont payées par l'État; la communion la plus faible coûte six cent mille francs, et la plus nombreuse vingt-sept millions. Ces deux sommes sont-elles dans le rapport exact des populations ? Nous ne le croyons pas ; car, de tous les cultes qui ont paru sur la terre, celui qui nécessite les plus fortes dépenses est certainement le culte catholique, non-seulement parce qu'il exige, dans son état actuel, un très-grand nombre de ministres, mais encore à cause de ce goût de pompe et de magnificence qui lui est particulier. Les hommes qui réfléchissent s'étonnent toujours qu'une religion, dont le fondateur, pendant trente ans ignoré dans l'atelier d'un artisan, n'a prêché, par son exemple et ses paroles, qu'humilité, désintéressement, mépris des richesses, abnégation des choses de la terre, ait pu s'écarter de son esprit primitif au point de revêtir l'éclat extérieur le plus dispendieux. Pendant trois siècles et demi, elle avait conservé cette simplicité admirable qui s'alliait si bien avec sa sublime morale, et ses dogmes imposans. Alors un clergé peu nombreux suffisait à tout, parce que les cérémonies et les solennités n'étaient pas multipliées outre mesure, parce que la confession auriculaire n'avait pas encore remplacé les pénitences publiques ; alors on ne croyait pas qu'il fût nécessaire de frapper les yeux de la multitude par un luxe de décoration que la piété sincère des fidèles rendait inutile, et qui aurait pu même paraître déplacé. En élevant avec lui le christianisme sur le trône, Constantin l'exposa à la dangereuse séduction des richesses; les autels du Dieu né dans une étable et mort sur une croix, se couvrirent d'or et de pourpre; les successeurs des apôtres qui vivaient volontairement d'aumônes, de saint Paul qui, préchant le jour, et la nuit fabriquant des tentes, tenait à honneur de subsister du travail de ses mains, devinrent dans la suite de hauts et puissants seigneurs, qui souvent parurent perdre de vue leur origine et leur destination.

Ces immenses richesses du clergé romain, qui formaient un si étrange contraste avec l'esprit de la religion du Christ, et dont malheureusement toutes les sources n'étaient pas également pures, ont plusieurs fois corrompu ses mœurs et excité la cupidité des princes et des peuples : elles ont aussi favorisé des entreprises qui ont beaucoup affaibli sa puissance, et l'autorité de la religion elle-même. Luther n'aurait pas trouvé autant de facilité à établir sa réforme, si l'opulente dépouille des monastères et des évêchés, n'avait pas stimulé le zèle des nombreux disciples qui se rangeaient sous sa bannière.

Nous avons vu, il y a trente ans, un nouvel exemple très-remarquable de ces grandes expropriations. A-t-il été juste et convenable de s'emparer de tous les biens de l'église en France ? C'est ce qu'il est en ce moment parfaitement inutile d'examiner : mais ce qui eût été éminemment équitable, c'était d'en réserver une portion suffisante pour garantir le paiement intégral et exact des pensions accordées aux possesseurs usufruitiers. Si cette sage précaution avait été prise, nous ne verrions pas encore aujourd'hui de malheureux vieillards de l'un et de l'autre sexe, traîner leurs derniers jours dans un état de misère qui ne nous fait pas honneur. Puisse l'Espagne, qui vient aussi de supprimer les ordres monastiques, ne pas négliger les moyens propres à la préserver de ce juste reproche.

Quand les Royalistes nous disent *qu'ils veulent la religion*, ils ont sans doute en vue la communion catholique, car celle de nos *frères égarés* les touche sans doute assez peu. Nous convenons très-volontiers que le culte catholique, qu'on a décoré du titre de religion de l'État, parce qu'il est celui des quatre-vingts centièmes de la nation, appelle sur lui un haut intérêt ; mais cet intérêt, que les Libéraux partagent sincèrement, n'ira pas sans doute jusqu'à porter la plus légère atteinte à cette entière liberté de conscience que la loi fondamentale garantit, et qui est l'une des propriétés les plus sacrées de l'homme social. Le *coge intrare* dont on a si cruellement abusé, fera toujours frémir les hommes sages par l'effrayante interprétation qu'on lui a trop souvent donnée. Lorsque saint Paul écrivait à Timothée, son disciple chéri : *Préchez, priez, pressez à temps et à contre-temps*, il ajoutait aussitôt, *en toute patience et doctrine*. L'apôtre des Gentils savait sans doute en quoi consiste le véritable esprit évangélique, et malgré l'ardeur de son zèle, il n'aurait pas accepté les fonctions d'inquisiteur de la foi.

Les Libéraux sentent, comme leurs adversaires, l'utilité et la nécessité de rétablir la toute-puissance des idées religieuses ; mais ils désirent vivement qu'on n'y mêle pas un alliage impur et dangereux de superstition ou de fanatisme. Ils croient que l'on ne parviendra pas à ce but important, par le moyen de ces missions qui ont été l'objet de censures amères, et de louanges outrées, probablement aussi partiales d'un côté que de l'autre. Ce sont des pasteurs sédentaires, éclairés, indulgens, vertueux, qu'il faut au peuple, surtout à celui des campagnes, pour lui faire aimer la religion, lui en rendre la pratique douce, agréable, et facile ; mais pour en avoir de tels, il ne suffit pas aujourd'hui de les choisir avec discernement, il faut encore les former, et surtout leur ménager des moyens d'existence qui les mettent à l'abri du besoin. C'est un des grands reproches que l'on peut faire à l'ex-empereur, que d'avoir rétabli un clergé pour le laisser mourir de faim, dans les rangs inférieurs, quand le trésor était exubérant ; et aussi quelle faute en politique de ne pas s'être attaché par la reconnaissance, des hommes dont il ne se dissimulait pas que l'influence était grande ! il ne l'a que trop senti, lorsque la fortune l'a abandonné.

Si des sacrifices sont nécessaires, on ne les regrettera pas, pourvu qu'on leur donne une destination utile. Est-ce d'archevêques et d'évêques que nous avons besoin ? Eh non, sans doute ; nous avons en nombre suffisant de ces hauts personnages, fort recommandables, quand ils sont vivement pénétrés du sentiment de leurs devoirs, mais qui rarement remplissent les fonctions vulgaires du sacerdoce. Aujourd'hui que, depuis des siècles, tous les dogmes fondamentaux sont bien arrêtés, tous les points importants de discipline généralement enseignés, et parfaitement connus, la haute surveillance, même d'un vaste diocèse, est devenue chose tellement facile, que multiplier ces grandes administrations spirituelles, serait bien moins servir les intérêts de la religion, que caresser les secrètes espérances de l'ambition et de l'orgueil. Ce qu'il nous faut maintenant, ce sont de bons curés, de bons vicaires de ville et de campagne ; et leur sort doit éveiller toute notre sollicitude, parce que l'on a pris la douce habitude de s'en occuper fort peu. Ne sont-ce pas là pourtant les véritables ouvriers évangéliques, ceux qui supportent toute la chaleur du jour, quoique leurs pieuses fatigues soient si mal rétribuées?

Qui n'a été frappé d'étonnement, excepté un petit nombre d'hommes que les fâcheuses concessions faites au Saint-Siége, pour atteindre le but de leur ambition secrète, n'ont pas effrayés, lorsqu'après toutes les lamentations sur les misères du clergé catholique, dont la tribune et les journaux ont retenti en 1815 et 1816, est apparu tout-à-coup, comme un lénitif puissant et infaillible, ce concordat surpris à la religion du prince, fabriqué tout-exprès pour créer une quarantaine d'évêchés dont on n'avait que faire ; pour rétablir tous les archevêchés, moins un, qui existaient en 1789 ; et qui, entassés les uns sur les autres, dans le midi de la France, offraient la surabondance la

plus inutile, comme la plus vicieuse distribution.
Voilà donc à quoi avait abouti tout ce grand zèle pour
le culte catholique, dont on avait fait tant de bruit !
Quand quatre mille paroisses ou succursales manquaient de pasteurs, faute de sujets, on s'occupait
d'augmenter le nombre des archevêques, des évêques,
des grands-vicaires et des chanoines; lorsque tant
d'églises, nécessaires au culte, tombaient en ruines
ou demandaient des réparations, il fallait, à grands
frais, édifier des cathédrales. En vérité, ce que beaucoup de dévots personnages admirent dans la religion,
ne seraient-ce pas, avant toutes choses, les gros traitemens, les honneurs et les dignités, si ce n'est pour
eux, du moins pour leurs fils, leurs frères, leurs
parents et leurs amis ?

Je terminerai cet article par une petite anecdote,
qui vient assez bien à mon sujet. J'ai un ami de
l'enfance, excellent homme, aimant un peu à rire,
bon catholique, point trop dévôt, et qui habite un
petit village à une vingtaine de lieues de Paris, d'où
il vient de temps à autre me rendre visite. Nous
causions de religion. Il faut, me dit-il, que je vous
raconte une conversation que j'ai eue il y a quelques
jours avec mon curé, titre que je lui donne par cour-
toisie, car il n'est encore que vicaire. C'est un grand et
beau jeune homme d'environ vingt-six ans, d'une figure
charmante, plein d'esprit et d'amabilité, qui a em-
brassé l'état ecclésiastique par goût, et qui en remplit
les devoirs avec une régularité parfaite. S'il continue
comme il a commencé, j'aurais grand plaisir à le voir

évêque quand il approchera de la cinquantaine ; ce qui m'assurerait toujours de bon compte vingt-cinq ans de vie. Néanmoins, malgré mon estime pour lui, si j'avais une jeune femme, je me soucierais assez peu de ses visites : mais comme j'ai, Dieu merci, le bonheur d'être célibataire, je lui ai dit une fois pour toutes que son couvert serait toujours mis chez moi, et il use de la permission assez souvent pour que je voie bien qu'il en agit sans façon ; ce dont je suis fort aise. Un jour donc, entre la poire et le fromage : Mon cher curé, lui dis-je, une chose me chiffonne ; le Roi, les Princes et Princesses de sa famille ont une véritable piété ; personne n'en doute. Beaucoup de Royalistes de fraîche date, qui n'étaient pas allés à la messe depuis vingt ans, sont devenus dévôts, et cela est dans l'ordre. Je prévois donc que la religion va reprendre son empire sur l'esprit des uns, et redevenir à la mode pour les autres : comment se fait-il donc que l'on ne songe pas à venir au secours de tant de pauvres prêtres qui sont vraiment dans la misère ? Monsieur, me répondit-il avec beaucoup de douceur, les ministres se sont empressés de faire accorder aux archevêques, une augmentation annuelle de dix mille francs, et de cinq mille aux évêques. — Ces Messieurs pouvaient attendre, repris-je un peu brusquement ; mais les desservans, mais les vicaires, beaucoup plus utiles, à mon avis, que ces chanoines destinés à décorer le chœur d'une cathédrale.... — On ne nous a pas oubliés non plus ; notre traitement a été grossi de cent francs par an. — Cent francs par

an ! c'est-à-dire, quatre ou cinq sous par jour ; voilà
une générosité rare ! Je gardai le silence pendant une
une minute ou deux, puis je continuai à peu-près
ainsi : Le budget du clergé n'était que de treize millions
il y a sept ans ; il s'élève à vingt-sept aujourd'hui,
et ce n'est pas encore assez ; mais enfin c'est plus du
double qu'avant la chute de l'empire. Il y avait, ce
me semble, si l'on ne voulait pas prendre la peine d'é-
tablir une progression plus équitable, une opération
fort simple à faire, dussent tous les gros bonnets de
l'ordre se trouver un peu trop au large, ce qui vaut
mieux que d'être à l'étroit ; c'était de doubler tout
d'un coup tous les traitemens. — Nous avons encore
reçu cent francs de plus, me répondit mon curé,
avec le même calme. — Mais cent francs ce n'est pas
le double ; que devient le reste chaque année ? —
Je l'ignore ; on en fait apparemment un emploi
plus agréable à Dieu : ma confiance dans le ministère,
et dans la grande aumônerie, ne me permettent pas
d'en douter. Au reste, ajouta-t-il, il faut que je vous
dise ce qui m'est arrivé il y a quelques mois. Vous
savez que je m'occupe fort peu de politique, que surtout je n'en parle jamais au confessional, ni ne la mêle
dans mes sermons, parce que Jésus-Christ a dit que
son royaume n'était pas de ce monde, et qu'il ne nous
est pas permis de faire un choix parmi ses préceptes,
pour admettre les uns et rejeter les autres. Néanmoins,
par le temps qui court, on n'est pas fâché de savoir
un peu ce qui se passe. Je lis donc quelquefois les
journaux que je trouve dans votre salon. Je tombai

un jour sur une séance de la Chambre des Députés,
qui m'intéressa, parce qu'il y était question de nous.
Un de ces hommes qu'on appelle Libéraux, que je ne
crois pas tout-à-fait des échappés de l'enfer, mais qui,
à ce que l'on prétend, ne proposent jamais de faire
le bien qu'avec l'intention de produire le mal, en-
tretenait ses collègues de la nécessité d'accroître les
traitements du clergé inférieur. Il avait dit à ce sujet des
choses qui me paraissaient assez judicieuses, et je m'at-
tendais qu'elles auraient produit de l'effet sur l'assem-
blée, lorsqu'un membre du bord opposé prit la parole,
et démontra, avec beaucoup d'éloquence, que le Libéral
avait tort, et qu'il prenait mal son temps. Un des ar-
guments de cet orateur me frappa : il prétendait que
le clergé était comme une armée qui avait ses généraux,
ses colonels, ses officiers et ses soldats. Or on sait
que l'on ne peut avoir beaucoup de généraux très-
richement payés, qu'en réduisant le soldat au nécessaire le plus exigu. Cette comparaison me parut tant
soit peu trop napoléonienne; et je ne l'aurais pas at-
tendue de l'honorable député, dont les habitudes ne
sont pas militaires : mais je me résignai à en regarder
la justesse comme incontestable. Il est évident que,
dans le système qu'on veut établir, les vicaires et les
desservans sont les soldats de l'armée ecclésiastique;
et comme, toute proportion gardée, nous sommes
encore un peu moins maltraités que ne l'est un fan-
tassin, relativement au maréchal de France, j'en con-
clus que tout est pour le mieux dans le meilleur des
mondes, ainsi que le disait un mauvais sujet de phi-

losophe, dont j'ai lu quelques ouvrages, quand je
faisais ma troisième.

Je vis bien que mon aimable curé, qui avait donné
une légère teinte d'ironie aux dernières phrases de
son petit discours, n'était pas bien convaincu qu'un
ministre des autels dût être en tout assimilé à un
simple soldat; mais revenant bientôt à la bonté naturelle de son caractère plein de droiture et d'indulgence, il entreprit de me persuader de nouveau que
le Ministère ne pouvait que faire un excellent usage
de tous les fonds consacrés aux dépenses du culte.
Touché du zèle charitable qui animait sa douce éloquence, je n'essayai pas de le contredire; mais il n'eut
pas le bonheur de me convaincre entièrement, et
je serais toujours curieux de savoir pourquoi l'on n'a
point augmenté dans une proportion plus forte,
comme je crois qu'on pouvait le faire, le traitement
des desservans, des vicaires, et même de beaucoup
de curés, à qui je voudrais que l'on ne rendît pas la
vertu d'abstinence, aussi rigoureusement nécessaire.

Les détails relatifs au culte protestant ne nous sont
point assez familiers, pour que nous entreprenions
d'en entretenir nos lecteurs. Nous avons quelque sujet
de croire qu'il reçoit aujourd'hui du gouvernement
toute la protection et toutes les faveurs qu'il peut
raisonnablement désirer; s'il en était autrement, cette
communion renferme dans son sein tant d'hommes
courageux et éclairés, qu'ils n'ont pas besoin qu'un
catholique se charge du soin de défendre leurs intérêts,
et de faire valoir leurs droits.

Nous allons transcrire maintenant, pour le discuter et y répondre, le dernier paragraphe de l'article du journal des Débats, qui nous occupe; quant aux deux paragraphes qui précèdent, nous ne nous y arrêterons point, parce qu'ils ne nous paraissent pas devoir donner lieu à des observations utiles.

*Que tout électeur raisonnable voie maintenant si tous ceux qui ne sont pas Royalistes, et qui, par des projets coupables, ou par des illusions dangereuses, veulent, à l'ombre des idées libérales, accroître tellement la liberté qu'elle dégénère en licence, affaiblir tellement la monarchie, qu'elle devienne une démocratie, attaquer tellement le pouvoir, qu'il ne lui reste aucune force, saper tellement le trône que, s'écroulant avec fracas il entraîne peut-être à jamais la considération, la puissance, la prospérité de notre patrie, que tout électeur voie, je le répète, si de tels hommes offrent les mêmes sûretés, les mêmes garanties, et sont les vrais amis du peuple français.*

Pour la première fois peut-être, depuis 30 ans, on a été pénétré de la haute importance que l'on doit attacher aux élections; aussi a-t-on fait, de part et d'autre, les efforts les plus extraordinaires, pour se les rendre favorables. Mais la lutte était trop inégale : privés, comme nous le sommes encore, de presque toutes les institutions qui doivent découler de la Charte; momentanément dépouillés de deux de nos droits les plus importans, dont nous avions été déjà mis en possession; comment de simples citoyens auraient-ils pu combattre, avec quelque apparence de succès, la prodigieuse in-

fluence qu'a pu exercer le gouvernement? En vain dira-
t-on que la loi suspensive de la liberté individuelle
n'a reçu presque aucune application; s'il faut, à cet
égard, louer la modération et l'équité du Ministère,
cette loi, à laquelle on doit obéissance tant qu'elle
ne sera pas abrogée, en a-t-elle moins été, et n'est-elle
pas encore comme l'épée de Damoclès, suspendue sur
la tête de tous les Français? La liberté de la presse,
cette condition essentielle, ce puissant ressort du
gouvernement représentatif, est détruite depuis plusieurs mois. Une censure non-seulement très-sévère,
mais encore très-partiale, ce qui est cent fois pire,
réduit les feuilles publiques à la nullité la plus complète, ou à n'être les organes que d'une seule opinion.
Les autres écrits sont poursuivis avec une rigueur ex-
trême, et aucune voix courageuse n'a pu se faire entendre, ou du moins il a fallu tellement voiler sa
pensée, et en affaiblir l'expression, qu'on n'a plus vu,
dans ces compositions décolorées, ni vigueur de con-
ception, ni franchise de style. Cette rigueur dimi-
nuera vraisemblablement bientôt, parce qu'elle ne
sera plus nécessaire; mais qu'y gagnera-t-on? rien ou
presque rien. Quand on accorderait aux écrits non
soumis à la censure la liberté la plus illimitée, ce
que franchement nous ne désirons pas, quel grand
avantage en résulterait-il? Presque toujours renfermés
dans l'enceinte de Paris, ils contiendraient en vain
les vérités les plus fortes et les plus importantes; ils
ne jetteraient aucune lumière sur le reste de la France.
La liberté de la presse est toute entière dans celle

des journaux ; elle sera nulle, tant qu'ils seront asservis.

Le sort des élections est décidé. Un poids immense a été jeté dans la balance, en faveur d'un parti ; et ce parti, le plus faible de beaucoup, l'a cependant emporté : il était presque impossible que la chose arrivât autrement. La nouvelle loi était si admirablement calculée pour lui ménager tous les avantages, que malgré la très-grande et incontestable supériorité du parti contraire, le gouvernement lui-même, avec tous ses généraux, ses présidents, ses préfets, tous ses moyens si étendus et si variés de compression et de séduction, aurait eu peine à lui assurer la victoire, s'il avait jugé à propos de se déclarer pour lui. N'est-ce pas même une merveille que les Libéraux aient pu, avec des chances si désavantageuses, obtenir quelques nominations? Mais le triomphe de leurs adversaires, ne les épouvante ni ne les afflige. Ils n'en sont point attristés ; car l'intérêt personnel n'a pas été, et ne sera pas davantage à l'avenir, le mobile de leur conduite : et ils ne s'en effraient point, parce qu'ils sont convaincus que la liberté ne peut plus périr en France, quelles que soient les attaques que l'on aurait encore l'intention de diriger contre elle.

En s'occupant du paragraphe relaté plus haut, et qui était spécialement destiné aux électeurs, on n'a pas l'intention d'exercer la moindre influence sur leur esprit, puisque les élections seront vraisemblablement terminées, lorsque cet écrit paraîtra. Mais il a paru utile de ne pas laisser sans réponse ces affligeantes imputations, qu'on ne cesse de reproduire, quelque dénuées qu'elles soient de preuves et de vraisemblance, si on les applique à l'ensemble du parti libéral, au milieu duquel, comme dans le parti opposé, peuvent se trouver des hommes peu estimables ; imputations auxquelles on fait allusion jusque dans cette proclamation Royale du 26 octobre, si belle d'ailleurs, si noble dans sa dignité calme, et si consolante par les espérances qu'elle donne ou qu'elle confirme. Au reste quand nous parlons de cette proclamation, avec la décence et la mesure dont nous ne nous écarterons jamais volontairement, nous la considérons comme un acte de gouvernement, dont le ministère est responsable, et qui par conséquent n'est pas plus que tout autre à l'abri d'une critique sage et modérée : si nous pouvions penser qu'elle a été l'œuvre du monarque seul, nous garderions à ce sujet le silence le plus absolu, ou nous nous renfermerions dans les très-justes éloges qu'elle mérite.

En signalant aux Électeurs les hommes à qui l'on refuse le titre de Royalistes, et en les peignant de couleurs si désavantageuses, on a très-certainement voulu désigner les Libéraux : or, il nous sera facile de prouver que le portrait manque de vérité. Ce que nous avons dit jusqu'ici, et notre profession de foi, qui s'accorde sur tous les points d'une véritable importance avec celle de nos adversaires, devraient suffire à des esprits non prévenus. Nous allons néanmoins y ajouter quelques considérations qui nous paraissent de nature à mériter une attention sérieuse.

Nous souhaiterions d'abord que les idées fussent bien fixées sur le sens rigoureux qu'il faut attacher à la qualification de Royalistes, et qui nous paraît avoir beaucoup varié depuis quelques années. En 1789 et 1790, toute la France était Royaliste; mais une partie de la noblesse, une partie du clergé, et tout ce qu'on appelait alors le tiers-état, voulaient une monarchie constitutionnelle. Les dissidens, qui, numériquement parlant, formaient une minorité presque imperceptible, eurent le tort de ne vouloir entendre à aucune concession; ils eurent le tort plus grave encore de quitter presque tous la France, pour aller, près de nos frontières, prendre une attitude menaçante. A la fin de 1791, les idées républicaines commencèrent à se manifester; si le Roi Louis XVI, arrêté à Varennes, était parvenu au terme de son voyage, problablement la république s'établissait alors, ou il s'opérait au moins un changement de dynastie. Le Roi revint à Paris, la constitution fut revisée, acceptée et jurée par le Monarque, et mise en activité. La route du gouvernement était semée d'écueils; il ne sut pas les éviter. Sa maladresse, ses continuelles oscillations, et d'autres fautes auxquelles le prince, trop peu confiant dans ses propres lumières, était presque tout-à-fait étranger, servirent merveilleusement les projets du parti républicain, que secondaient encore les imprudences qui se commettaient hors du territoire. Une attaque à main armée décida, en trois heures, la querelle, et l'édifice de la monarchie s'écroula.

Si le parti républicain était demeuré uni, si, usant

avec modération de son facile triomphe, il eût, par l'établissement de lois sages et protectrices, calmé les inquiétudes et dissipé les craintes, la France, qui était encore dans le premier enthousiasme de la liberté, et qu'irritait la prétention, annoncée par les peuples voisins, d'intervenir dans ses affaires domestiques, aurait adopté sans peine le nouveau gouvernement. Les persécutions et les violences soulevèrent de nombreuses oppositions : elles furent toutes vaincues, et la Vendée elle-même aurait été étouffée dans son berceau, si des combinaisons machiavéliques, ou une inhabileté bien étrange, ne lui avaient pas laissé le temps de grandir. Il ne lui a manqué, selon toute apparence, qu'un nom imposant pour arriver à un résultat décisif.

La Monarchie avait été regrettée, lorsqu'une anarchie sanguinaire, qui n'avait de république que le nom, couvrait la France de sang et de ruines ; le rétablissement de l'ordre diminua les regrets : ils s'éteignirent en grande partie, au moins dans l'intérieur, quand les glorieuses paix de Lunéville et d'Amiens mirent un terme à la guerre. Le Gouvernement républicain, reconnu par toutes les puissances de l'Europe, pouvait s'affermir, si le chef de l'état eût voulu y appliquer toute la force de son génie, tous les avantages de sa position. Les espérances de la dynastie déchue paraissaient à jamais détruites, et les émigrés eux-mêmes le sentirent si bien, que presque tous ils acceptèrent l'amnistie que le Sénat et le Premier Consul leur offrirent. Un grand nombre d'entre

eux servirent ensuite dans l'armée et dans les administrations civiles ; ils parurent se résigner de bonne
grâce au nouvel ordre de choses. Si, parmi les autres
Français qui s'y trouvaient soumis, quelques-uns per-
sistaient encore à regarder la Monarchie comme le
Gouvernement par excellence, ils durent être satis-
faits, lorsque Napoléon ceignit son front de la couronne impériale. La France a eu le temps, pendant
douze années, d'apprendre à contracter de nouveau les
habitudes monarchiques. Napoléon était un grand
maître dans cette science, et certainement les Bourbons lui doivent d'avoir rendu leur retour beaucoup
plus facile.

Lors donc qu'en 1814 il signa, avec les souverains alliés, son traité d'abdication, les Français étaient très-bien
réaccoutummés au gouvernement d'un seul ; et comme
la dénomination de royaliste exprime, en langage exact,
une idée diamétralement opposée à ce qu'on entend
par le mot de républicain, il s'ensuit qu'à cette époque
toute la France était, comme elle l'est encore aujour-
d'hui, véritablement royaliste.

D'où vient donc que quelques hommes prétendaient
alors, et se sont toujours obstinés à prétendre, qu'on
les considérât comme seuls dignes d'être décorés de ce
titre ? C'est qu'ils avaient des espérances, des vues, des
intérêts, tantôt avoués hautement, tantôt dissimulés
avec art, mais qui étaient les uns en opposition avec
ceux du reste de la France, et les autres au moins
fort différents. On entend assez ce que nous voulons
dire ; nous ne perdrons pas inutilement de l'encre et
du papier à développer davantage notre pensée ; et

quand très-récemment encore on a voulu faire un
signe de ralliement de ce *Vive le Roi sans conditions*,
qui, dans l'intention des braves officiers de la 1re. Lé-
gion de la Seine, n'était que l'expression énergique
de leur dévouement à la dynastie, croit-on qu'il soit
possible de se méprendre sur l'objet de ces vœux si
opiniâtrément reproduits? Mais ici le but serait dé-
passé de beaucoup et très-involontairement sans doute,
car il est impossible de supposer tant de servilité et
de bassesse dans l'esprit et dans le cœur d'un Français.

Sait-on ce que serait aujourd'hui en France un Roi
sans conditions? Un maitre plus absolu que le Grand-
Seigneur à Constantinople; car ce prince a plus de
conditions à remplir pour gouverner, qu'on ne le croit
communnément; quand ce ne serait que celle de ne pas
trop mécontenter les Janissaires qui, dans une matinée,
déposent un sultan, lui coupent la tête, ou, quand ils
se trouvent dans leurs jours de clémence, se contentent
de lui crever les yeux et de le condamner à une prison
perpétuelle. Ceux qui, dans l'excès de leur dévouement pour les maîtres du monde, voudraient préci-
piter vers la plus abjecte servitude leurs compatriotes
et eux-mêmes, ont-ils bien pensé à ces petits incon-
véniens des gouvernemens purement despotiques, qui
se renouvellent assez souvent pour valoir la peine
qu'on y fasse attention? Mais, nous le répétons, il
n'est pas possible que des Français aient prévu toutes
les conséquences de ce cri de *Vive le Roi sans conditions*, quand ils ont cru qu'il pourrait exprimer un
vœu que le Monarque accueillerait; nous sommes cer-

tains au contraire qu'il le repousserait avec indigna
tion; car, comme il l'a dit lui-même avec autant de
raison que de noblesse, la Charte sera son plus beau
titre de gloire dans la postérité.

Que si l'on s'obstinait à regarder comme non ave-
nu tout ce qui s'est passé depuis trente ans, quoique
l'esprit se prête difficilement à une pareille fiction, on
conviendra du moins que la dynastie, en rentrant en
France, n'a pu recouvrer que les droits qu'elle avait
perdus, ou qui avaient été suspendus depuis qu'elle
en était sortie. S'il fallait que nous fussions condamnés
à voir le Prince, c'est-à-dire, les Ministres, con-
centrer encore une fois entre leurs mains le pouvoir de faire les lois et celui de les exécuter, à voir
une noblesse privilégiée remplir exclusivement toutes
les hautes fonctions de l'armée, de la magistrature,
du clergé, et de l'administration; il faudrait aussi qu'on
nous rendît ces parlemens qui protégaient sinon la liberté, au moins des libertés, et même défendaient
quelquefois les intérêts populaires ; qu'on nous rendît
les états de provinces, les administrations munici-
pales, et cette foule d'institutions locales, de préro-
gatives, de franchises particulières, aussi variées entre
elles que l'étaient les lois et les coutumes de tous ces
petits états, dont l'aggrégation successive a formé,
dans la suite des siècles, la Monarchie française. Mais
la révolution, dans sa marche impétueuse et désordonnée, a tout renversé, tout détruit jusqu'aux derniers fondemens. On a dit et démontré cent fois, on a
avoué et formellement reconnu, qu'il était hors de la

puissance humaine de reconstruire sur le même plan
cet antique édifice, d'une architecture si incohérente
et si bizarre, où quelques belles parties étaient
noyées au milieu d'un amas immense de pièces de
rapport, de superfluités, de distributions très-gê-
nantes, qui en gâtaient l'ordonnance, et en rendaient
l'habitation fort incommode. De toutes parts miné par
le temps, il a suffi d'un souffle pour l'abattre : ne le
regrettons pas, puisque nous avons à la place un
palais beaucoup plus régulier, où tout le monde pour-
ra loger à son aise, quand on y aura mis la dernière
main; mais il ne faut pas que quelques hommes
prétendent le terminer uniquement dans leur intérêt,
et s'emparer pour eux seuls de tous les beaux apparte-
mens, afin de ne laisser au reste de la grande famille
que les entresols et les mansardes. C'est en cela pré-
cisément que gît toute la question. Les Libéraux ne
veulent pas plus que les Royalistes abattre la nouvelle
demeure; mais ceux-ci voudraient s'en réserver toutes
les aises, et ceux-là s'efforcent et s'efforceront sans cesse
de rendre le partage plus équitable.

Parlons sans figures : toujours passionnée pour la
liberté et l'égalité, ce qu'il ne faut jamais perdre de
vue, la France est redevenue Royaliste, non pas seulement depuis six ans, mais bien depuis dix-huit,
c'est-à-dire qu'elle s'est résignée d'abord à supporter
le gouvernement monarchique rétabli par Napoléon;
que, jetée pendant long-temps, par ce personnage his-
torique, dans un tourbillon de gloire éblouissante,
étonnée ensuite de ses premiers revers, entraînée

bientôt après dans une épouvantable catastrophe, elle s'est laissé conduire, sans presque s'apercevoir qu'on appesantissait successivement sur elle un joug intolérable, et surtout sans pouvoir s'y opposer, au milieu de cette succession si rapide d'événemens extraordinaires. Lorsqu'en 1 14, le Roi lui présenta la Charte constitutionelle, concertée avec des commissions du Sénat et du Corps-Législatif, seuls organes des vœux populaires, elle reçut avec transport ce présent qui la dédommageait de ses conquêtes perdues; qui, au défaut de la gloire dont on l'avait enivrée, et qu'elle avait payée si chèrement, lui promettait le bonheur et la liberté : elle s'y attacha avec force, parce qu'elle y trouva le germe fécond de tout ce qu'elle désirait depuis trente ans. Si cet acte immortel semblait offrir quelques lacunes, ou présenter quelques dispositions peu claires, elle espérait de la justice et de la générosité du Monarque, que les unes seraient remplies, et les autres interprétées dans le sens le plus favorable à la liberté publique et à l'intérêt général. Cependant elle ne tarda pas à concevoir des craintes; et, on doit le dire franchement, elles étaient fondées. Ce n'était pas le prince qui les inspirait; son caractère était trop bien apprécié pour que l'on pût appréhender qu'il manquât à sa parole et à ses sermens. Mais le mauvais état de sa santé, qui causait autant de douleur que d'alarmes, ne lui permettait pas toujours d'appliquer aux travaux du gouvernement, les ressources d'un esprit élevé, perfectionné par l'étude et la méditation.

Une classe d'hommes qui avait fait de grandes pertes, mais qui aussi avait recouvré de grands avantages, ne paraissait pas encore en être satisfaite : elle laissait éclater son mécontentement; des regrets, des espérances, et jusqu'à des menaces, s'échappaient avec une expression d'amertume qui faisait redouter de sinistres projets. Ce fut alors que se forma, non-seulement dans les Chambres, mais encore au-dehors, et et sur toute la surface de la France, cette opposition qui n'avait pas uniquement pour but, comme dans un état représentatif depuis long-temps constitué, de contrôler les opérations du Ministère, de mettre obstacle à ses empiètemens sur la liberté publique, mais dont l'objet principal était de veiller à ce qu'un parti dont on avait aisément démêlé les desseins secrets, ne parvînt pas à détruire la Charte, ou du moins à la tourner toute entière à son profit.

C'est à cette opposition qu'on a donné le nom de parti des Libéraux : aussi royalistes que ceux qui s'en attribuent le titre exclusif, il n'ont pas les mêmes intérêts, et cette différence est grande; mais la divergence de vues qui en résulte doit diminuer beaucoup, et même disparaître entièrement, puisque les *volontés* de leurs adversaires sont aujourd'hui dans une harmonie parfaite avec les vœux qu'ils expriment eux-mêmes. Ils ne révoquent point leur sincérité en doute, et ils seraient désolés que les effets ne répondissent pas à ce qu'ils en espèrent.

Ce que l'on nomme le parti des Libéraux se compose de tous les hommes éclairés, généreux, vraiment amis de la liberté constitutionelle, que des intérêts de caste, ou de position particulière, n'ont pas jetés dans les rangs opposés. On a même grand tort de le nommer un parti, car c'est la nation toute entière, moins le petit nombre d'hommes qui se sont obstinés jusqu'ici à vouloir se considérer comme une classe à part. Or quiconque ne fait point partie de l'ancienne noblesse (car il faut continuer de parler sans déguisement), ou n'est pas placé dans sa dépendance, n'a aucun intérêt à seconder ses vues; si elle en a, comme on a pu le craindre pendant long-temps, qui soient opposées à celles du reste de la nation. Nous avons donc eu raison de dire, au commencement de cet écrit, que nous défendions la cause de l'immense majorité des Français. On a profité avec un art infernal, pour calomnier nos intentions, de quelques imprudences échappées à des hommes incapables de concevoir un dessein criminel, mais ardens, et faciles à se laisser entraîner au-delà d'une juste mesure : on s'est emparé de quelques événemens désastreux, que nous avons nous-mêmes amèrement déplorés, pour émouvoir ces esprits superficiels et crédules, qui admettent sans discernement et sans réflexion, toutes les idées qu'on met un peu d'adresse à leur suggérer; mais ces nuages que la méchanceté, la perfidie, et surtout l'intérêt de parti, ont élevés avec tant de peine et d'astuce, se dissiperont bientôt, plus promptement encore qu'ils ne se sont formés. Le peuple Français reconnaîtra, s'il avait pu en douter un moment, que nous n'avons pas cessé d'être, et que nous serons toujours *ses véritables amis* : convaincus que les destinées du gouvernement constitutionel, sont intimément liées à celles de la dynastie., les Libéraux embrasseront avec ardeur sa défense toutes les fois qu'elle sera menacée de quelques véritables périls. Ils ne donnent point à leur dévouement le caractère d'une idolâtrie superstitieuse, qui leur paraît peu digne d'hommes raisonnables ; mais pour avoir moins d'éclat et d'emportement, il n'en est peut-être que plus solide et plus durable. On le reconnaîtra au jour du danger, s'il se présente ; ce dont le ciel veuille à jamais nous préserver.

FIN.

## ERRATA.

Page 9, ligne 20, la mémoire implacable , *lisez* une mémoire, etc.

*Ibid.* ligne 25, les intérêts, *lisez* des intérêts.

Page 10, ligne 8, si nous ne partons pas des mêmes principes, *lisez* si nous ne partons pas toujours, etc.

*Ibid.* ligne 10, que peut-on rigoureusement exiger, *lisez* que peut-on raisonnablement, etc.

*Ibid.* ligne 17, s'attacher des considérations , *lisez* s'attacher à des considérations, etc.

Page 11, ligne 1re., on verrait de nouveaux troubles, *lisez* on verrait renaître, etc.

*Ibid.* ligne 8, plus que les autres , *lisez* plus que d'autres.

Page 12, ligne 13, aussi nous nous abstiendrons, *lisez* ainsi nous nous, etc.

Page 14, ligne 3, au lieu de paroles injurieuses, *lisez* au lieu des paroles, etc.

Page 15, ligne 2, qu'elle n'avait pas abrogés, *lisez* qu'elle n'avait pas formellement abrogés.

Page 20, ligne 10, je la dirai franchement, *lisez* je le dirai, etc.

Page 23 , ligne 15 , convenus, *lisez* convaincus.

Page 24, ligne 28, ce conseil, *lisez* le conseil.

*Ibid.* ligne 29, n'essaierait-il pas une fois ce moyen, *lisez* de ce moyen.

Page 27, ligne 28, ici le rencontre, *lisez* se rencontre.

www.ingramcontent.com/pod-product-compliance
Lightning Source LLC
LaVergne TN
LVHW022136080426
835511LV00007B/1144